Entstehung und Aufrechterhaltung psychischer Störungen. Risiko- und Schutzfaktoren und psychotherapeutische Intervention

Lena Haas

Bibliografische Information der Deutschen Nationalbibliothek:

Die Deutsche Nationalbibliothek verzeichnet diese Publikation in der Deutschen Nationalbibliografie; detaillierte bibliografische Daten sind im Internet über http://dnb.d-nb.de abrufbar.

ISBN: 9783346547941
Dieses Buch ist auch als E-Book erhältlich.

Einsendeaufgabe

Klinische Psychologie I (Grundlagen)

Die Entstehung und Aufrechterhaltung psychischer Störungen, ihrer Risiko- und Schutzfaktoren sowie die Beschreibung der psychotherapeutischen Intervention.

SRH Fernhochschule – The Mobile University

Studiengang: B. Sc. Psychologie

Von

Lena Haas

Inhaltsverzeichnis

Inhaltsverzeichnis 2

Abkürzungsverzeichnis 3

1. **Psychische Störungen** 4

   1.1 Allgemeine Beschreibung 4

   1.2 Risiko- und Schutzfaktoren 5

       1.2.1   Risikofaktoren 5

       1.2.2   Schutzfaktoren 6

   1.3 Das bio-psycho-soziale Modell 7

2. **Soziale Unterstützung** 9

   2.1 Allgemeine Beschreibung 9

       2.1.1   Begriffserklärung und Bedeutung 9

       2.1.2   Erklärungsmodelle 10

   2.2 Dysfunktionale Kognition 11

3. **Methodisches Handeln** 14

   3.1 Psychologische Diagnostik 14

   3.2 Psychotherapeutische Intervention 15

   3.3 Verhaltenstherapeutischer Prozess bei Angststörungen 16

       3.3.1   Allgemeine Beschreibung 16

       3.3.2   Fallbeispiel 17

Literaturverzeichnis 19

Die teilweise Verwendung des generischen Maskulinums dient lediglich eines vereinfachten Leseverständnisses und übernimmt eine stellvertretende Funktion für jegliche Geschlechter des Menschen. Hierbei findet demnach keine Wertung statt und hat Bestand, bis eine offizielle, neutrale und gendergerechte Bezeichnung eingeführt wird.

Abkürzungsverzeichnis

u.a.   unter anderem

ICD-10   International Statistical Classification of Diseases and Related Health Problems (engl.)

DSM-5   Diagnostic and Statistical Manual of Mental Disorders (engl.)

k.A.   keine Angaben (fehlender Verweis auf Erscheinungsdatum)

BPSM   Bio-psycho-soziales-Modell

1. Psychische Störungen

Das erste Kapitel befasst sich mit der Sicherung von einigen Grundlagen. Hierfür erfolgt in Unterkapitel 1.1 zunächst eine generelle Beschreibung von psychischen Störungen. Anschließend wird in Unterkapitel 1.2 die Bedeutung von Risiko- und Schutzfaktoren erläutert. Im Anschluss wird in Unterkapitel 1.3 das bio-psycho-soziale Modell als Bindeglied zwischen den Unterkapiteln 1.1 und 1.2 beschrieben, welches mit einer kurzen Zusammenfassung abschließt.

1.1 Allgemeine Beschreibung

Die Entwicklung eines Individuums ist durch unterschiedliche Einflussfaktoren geprägt. Veränderungen während der einzelnen Entwicklungsphasen äußern sich u.a. in Abweichungen im Erleben und Verhalten, der Wahrnehmung, des Sozialverhaltens sowie des Denkens und Fühlens, verglichen mit Personen der gleichen Altersgruppe und Ethnie. Eine allgemeingültige Definition für den Begriff der psychischen Störung gibt es bislang nicht. Sie beruht lediglich auf dem aktuellen Forschungsstand, welcher aus der Praxis eine zeitlich begrenze Beschreibung der untersuchten Konstrukte darstellt. Demnach ist die Definition einer psychischen Störung an den Erkenntnisstand gebunden (Wittchen & Hoyer, 2011, S. 8-9) Als allgemeine Grundkriterien gelten: der Leidensdruck, die Fremd- und Eigengefährdung sowie die Ich-Dystonie bzw. Ich-Syntonie.[1] (Casper, Pjanic & Westermann, 2018, S. 6-7). Deutliche Veränderungen im Verhaltenszustand und Verhaltensmuster können sich schon in frühen Stadien äußern, im Verlauf erworbener Erfahrungen herausbilden, durch ein dramatisches Erlebnis entstehen oder sich erst im späteren Leben entwickeln (Lüdke & Lüdke, 2020, S. 200). Unter dem Begriff der Phänomenologie wird die Beschreibung der psychischen Störung durch ihre Symptomatik verstanden. Hierbei gilt es sich häufenden oder in gleichen Situationen auftretende Symptome zu erfassen und zuzuordnen. Es findet zu diesem Zeitpunkt noch keine Bewertung der Merkmale oder eine finale Diagnostik des Patienten statt (Casper, Pjanic & Westermann, 2018, S.7).

---

[1] Ich-Dystonie: Person erlebt Symptome und Zustände als **nicht** zu ihrem Ich **gehörend** (d.h. störend, befremdlich); Ich-Syntonie: Person erlebt Symptome und Zustände **zu** ihrem Ich **gehörend** (hierbei geht zumeist kein Leidensdruck einher.) Patienten weisen jedoch u.a. wahnhafte Züge auf. Eine Behandlung dieser Wesensveränderung ist häufig durch fehlende Einsicht seitens des Betroffenen erschwert.

Insbesondre Diagnosen, welche bereits im Kindesalter ermittelt wurden, können auf ihre kontinuierliche Entwicklung hin überprüft und Prognosen über einen weiteren Verlauf erstellt werden. Dies ermöglicht eine Vereinfachung des Diagnoseprozesses im Erwachsenenalter, da komorbide Störungen leichter ausgeschlossen werden können. (Lohaus, 2018, S. 258-259). Eine Diagnose findet über die Zuordnung von Symptomen durch eines der Klassifikationssysteme (ICD-10 oder DSM-V) statt. Hierbei gilt der Kriterienkatalog als Orientierungshilfe, um die zugrunde liegenden Symptomen einer psychischen Störung einzuordnen (Von der Assen, 2019, S. 40). Die hierdurch entstehenden Gruppen fassen Merkmale einer Störung zusammen, welche sich ähneln können, jedoch nie identisch sind (Margraf & Schneider, 2018, S. 145). Die Epidemiologie untersucht Krankheiten und ihre Einflussfaktoren in Raum und Zeit, sodass Prävalenzen angegeben werden können (Schöney, 2018, S.72). Aus epidemiologischer Sicht ist insbesondere durch die Corona-Pandemie eine Zunahme an psychischen Störungen aufgrund der Folgen des Lockdowns zu verzeichnen und ein fortlaufender Anstieg an z.B. Depressionen zu erwarten (Welt & Lanzke, 2020). Der Bereich der Ätiologie befasst sich mit der Ursachenforschung. In vielen Fällen kann es den „Heilungsprozess" (abhängig von der Störung) positiv beeinflussen, wenn die Gründe und Einflussfaktoren für die Störung ermittelt werden können (Casper, Pjanic & Westermann, 2018, S. 9).

1.2 Risiko- und Schutzfaktoren

1.2.1 Risikofaktoren

Allgemein werden unter den Risikofaktoren diejenigen Faktoren zusammengefasst, welche die Wahrscheinlichkeit für die Entstehung einer psychischen Störung bzw. das Auftreten einer Auffälligkeit erhöhen. Sie können die natürliche Symbiose zwischen der Entwicklung und dem Austausch sowie dem inneren und äußeren Erleben negativ beeinflussen. Nicht alle Entwicklungsphasen sind gleichermaßen störanfällig. Insbesondere die Adoleszenz wurde als ein sensibles Übergangsstadium erkannt (Lohse, 2021, S. 23). Als Risikofaktoren fungieren in erster Linie interne (personenbezogene/Vulnerabilitätsfaktoren) und externe (umweltbezogene/Stressoren) Faktoren. Demnach können sowohl biologische Dispositionen als auch das soziale Umfeld in gleichem Maße die Wirkung eines Risikofaktors für ein Individuum darstellen. Zudem beeinflussen die psychischen Komponenten wie z.B. das Temperament und die Persönlichkeitsmerkmale den individuellen Umgang mit stressauslösenden Situationen (Wittchen & Hoyer, 2011, S. 651). Dabei entscheiden die Dauer und die Intensität des Faktors darüber, ob eine psychische Störung auftritt bzw. ausgelöst wird oder nicht (Lohaus & Vierhaus, 2019, S. 303).

Die internen Faktoren bzw. genetischen Dispositionen können u.a. sowohl durch pränatale als auch perinatalen Komplikationen aufgrund des Geschlechtes oder einer physischen oder geistigen Behinderung begründet werden. Das soziale und familiäre Umfeld wirkt hierbei als externer Faktor, welcher sich von einer möglicherweise unsicheren Bindung zu den Eltern in der frühen Kindheit bis über die Lebensbedingungen in Peer-Beziehungen[2] und konfliktreichen Partnerschaften erstrecken kann (Lohaus & Vierhaus, 2019, S. 304-310). Obwohl die Auswirkungen der Risikofaktoren zumeist als Belastung erlebt werden, entwickeln sich Menschen individuell, weshalb nicht vorausgesagt werden kann, wie viele der Betroffenen als Folge dessen an einer psychischen Störung leiden werden. Aus diesem Grund müssen Risiko- und Schutzfaktoren immer unter Beachtung ihrer reziproken Beziehung betrachtet werden (Kaiser, 2020, S. 15).

1.2.2 Schutzfaktoren

Durch das Wechselverhältnis der Schutz- und Risikofaktoren, wirken in der Regel beide Faktoren auf die Entwicklung eines Individuums ein. Die sogenannten Schutzfaktoren können die Wahrscheinlichkeit für das Ausbilden einer psychischen Störung minimieren. In erster Linie entscheiden dabei die persönlichen und umweltbedingten Ressourcen und Bewältigungsstrategien, ob eine psychische Störung ausgebildet wird oder nicht. Zu den Schutzfaktoren zählen, ähnlich wie dies bei den Risikofaktoren bereits erwähnt wurde, die Bereiche des Persönlichen und der Umwelt. Als persönliche Faktoren wurden z.B. die Autonomität, eine ausgeprägte Selbstwahrnehmung und Selbstkontrolle sowie ein hohes Maß an sozialen Kompetenzen ermittelt (Rolfe, 2019, S.106). Schützende Faktoren durch die Umwelt sind bspw. eine sichere Eltern-Kind-Beziehung für Kinder und Jugendliche bzw. eine stabile Partnerschaft, ein strukturierter Lebensalltag sowie die soziale Unterstützung ab dem Jugendalter (Lohaus & Vierhaus, 2019, S. 309). Wichtig ist hierbei zu erwähnen, dass Schutzfaktoren zumeist nur dann Einsatz finden, wenn hierdurch die Folgen einer Gefahrensituation abgemindert werden können. Sie treten demnach nur dann in Erscheinung, wenn bereits Risiken auf den Entwicklungsverlauf eines Individuums einwirken. Sie verhindern keine Belastung, sondern wandeln das Ergebnis der erlebten Situation um. Des Weiteren können sich Schutzfaktoren in Risikofaktoren wandeln, wenn sie ein unnatürlich ausgeprägtes Maß erreichen (Kaiser, 2020, S. 22-23). Im Zusammenhang mit den Schutzfaktoren wird häufig auch die Bedeutung der Resilienz erläutert. Der Begriff Resilienz beschreibt in diesem Zusammenhang das Vorhandensein psychischer Widerstandfähigkeit gegenüber Belastungen und negativen äußeren Einflüssen.

---

[2] Peer-Beziehungen sind Kontakte zu Gleichaltrigen; wichtiger Einflussfaktor insbesondere während der Adoleszenz

Demnach ist die Resilienz eine tatsächliche Barriere vor Risiken und nicht ausschließlich ein Faktor zur Abmilderung von vorhandenen Konsequenzen. Menschen mit einem hohen Vorkommen an psychischer Widerstandsfähigkeit leiden deutlich seltener an einer psychischen Störung und erleben eine schnellere Genesung, bei etwaiger Erkrankung der Psyche. Die Fähigkeit der Resilienz gilt als erlernbar und steigerungsfähig, sodass insbesondere die Forschung gezielt diese Ressourcen des Menschen zu bestärken versucht (Lohse, 2021, S. 17-18).

1.3 Das bio-psycho-soziale Modell

Die Wissenschaft und Forschung strebt an, bereits in frühen Phasen einwirkende Risiko- und Schutzfaktoren isoliert und in ihrer Wechselwirkung betrachten zu können. Hieraus sollen sich Schlussfolgerungen über Prävalenzen und die Entstehung sowie Entwicklung von psychischen Störungen ableiten lassen. Zielführend wäre demnach die Bereitstellung geeigneter Interventions- und Rehabilitationsmaßnahmen (Spektrum, k.A.). Eine in der Psychologie weitläufig bekannte Untersuchungsmethode ist das „Bio-psycho-soziale-Modell (BPSM)" nach George Libman Engel (1913-1999). Im Jahr 1977 formulierte er erstmals seine Gedanken über die Bedeutung der ganzheitlichen Sicht auf den Menschen (Rummel & Gaßmann, 2019, S. 14). In den neunziger Jahren etablierte sich das BPSM in der psychologischen/psychiatrischen Anwendung. Mithilfe des Modells kann sowohl die Korrelation als auch Interferenz zwischen biologischen, psychologischen und sozialen Faktoren beschrieben werden (Psychiatrienetz, 2017). Das BPSM gilt deshalb als besonders umfassend, da keine isolierte Ursache für eine Störung untersucht wird, sondern die Verflechtung der einzelnen Bedingungen, welche an der Entstehung beteiligt sind bzw. waren. Das bedeutet, dass sowohl biologische Voraussetzungen (z.B. pränatale Schäden durch bspw. Drogenabusus der Mutter), mögliche psychische Instabilitäten (z.B. ausgelöst durch Misshandlungen und Missbrauch) als auch das soziale Umfeld in differenzierter Ausprägung auf die Entwicklung eines Individuums einwirken (Rank, 2020, S. 19). Potenziell häufig bilden sich bei Kindern, welche diesen Faktoren ausgesetzt sind oder waren, das sogenannte Urmisstrauen oder Störungen der Geschlechtsidentität sowie der Sexualpräferenz heraus. Ebenso werden Konflikte bei der Aufrechterhaltung von zwischenmenschlichen und partnerschaftlichen Beziehungen verzeichnet (Köhler, 2019, S. 265).

Zusammenfassung

Die Entwicklung des Menschen ist ein Prozess, welcher u.a. durch Erfolge und Niederlagen sowie Fort-
und Rückschritten geprägt ist. Unterschiedliche Einflüsse, unabhängig ob sie eigenbestimmt oder
fremdbestimmt ein Individuum formen, können zu irreversiblen Veränderungen beitragen. In Bezug auf
die Risiko- und Schutzfaktoren lässt sich demnach sagen, dass mithilfe des BPSM alle Bereiche, Faktoren
und Aspekte der persönlichen und umweltbedingten Einflüsse berücksichtigt werden können. Das bedeutet,
dass bei frühzeitiger Beobachtung, Feststellung und Intervention bei vorhandenen Risiko- und
Schutzfaktoren (bspw. durch das BPSM) eine Entstehung bzw. Ausbildung einer psychischen Störung
beeinflusst werden kann. Die Wirkung der einzelnen Faktoren kann individuelle Verläufe und Folgen für
die Entwicklung eines Betroffenen annehmen. Aus diesem Grund sind kaum Vorhersagen ohne begleitende
Untersuchungen durch examiniertes Fachpersonal möglich. Aufgrund dessen, dass jedes Individuum im
Verlauf seiner Lebenszeit mit Risikofaktoren in Kontakt treten kann (persönlicher oder umweltbedingter
Hintergrund), sollten diesen stets die nötige Aufmerksamkeit entgegnet werden, um zeitnah zu
intervenieren. Ebenso gilt es Schutz- und Resilienzfaktoren zu fördern, da sie, unter Beachtung möglicher
Umstände, als erlern- und steigerbar gelten.

9

2. Soziale Unterstützung [engl. social support]

Im zweiten Kapitel werden spezifische Einflussfaktoren bei der Entstehung und Aufrechterhaltung von psychischen Störungen behandelt. In Unterkapitel 2.1 wird zunächst der Begriff der sozialen Unterstützung beschrieben. Anschließend werden drei Modelle aus diesem Bereich vorgestellt. Im Unterkapitel 2.2 erfolgt eine Erklärung der dysfunktionalen Kognition. Ausgehend davon wird anhand eines Fallbeispiels ein praktischer Bezug hergeleitet. Das Kapitel wird mit einer kurzen Zusammenfassung abgeschlossen.

2.1 Allgemeine Beschreibung

2.1.1 Begriffserklärung und Bedeutung

Im vorrausgegangenen Kapitel wurde bereits erläutert, dass Schutz- oder Resilienzfaktoren einen positiven (abschwächenden) Effekt auf vorhandene oder zukünftige psychische Störungen ausüben können. Die soziale Unterstützung, als ein Faktor der Umwelt, erfolgt im Allgemeinen durch die Hilfe eines/der Mitmenschen im Umfeld in emotionaler, instrumenteller oder informationeller Weise. Hierdurch soll die Bewältigung einer belastenden Situation mit der Hilfe externer Personen (familiär, freundschaftlich oder fachwissenschaftlich) erleichtert werden. Das bedeutet, dass sie u.a. durch das Entgegnen von Aufmerksamkeit und Beistand, sachdienlicher Leistung wie z.B. dem Helfen durch finanzielle Mittel als auch durch fachkompetente Beratung ausgeführt bzw. empfangen werden kann. Demnach stellt diese Form der Unterstützung ein mögliches Medium des umweltbedingten Faktors dar, welches häufig erst dann in Anspruch genommen wird, wenn die eigenen Ressourcen des Betroffenen aufgebraucht oder unzureichend sind. Vorhandene Konsequenzen werden als Stress oder Belastung erlebt, welche im Idealzustand (vorhandene Unterstützung und bereitwillige in Empfangnahme des Betroffenen) mithilfe der sozialen Unterstützung aus dem Umfeld bewältigt werden kann (Asendorpf, 2019, S. 167). Die Kompetenz der sozialen Unterstützung dient dabei sowohl der Gesunderhaltung von Kindern, Erwachsenen sowie älteren Menschen und begleitet ein Individuum demnach über die komplette Lebensspanne hinweg. Dabei können sich die Art und Weise der Hilfeleistung und des Hilfebedürfnisses aufgrund des bisherigen Lebensalters und den erworbenen Erfahrungen unterscheiden. In empirischen Studien gelang es ihren hohen Stellenwert im Umgang mit Belastungssituationen und Lebenskrisen nachzuweisen. Bereits in den 70er-Jahren wurde die Rolle der sozialen Unterstützung bei der Stressbewältigung untersucht.

Die verschiedenen Möglichkeiten und Varianten der Hilfeleistung beinhalten eine unterschiedliche Effektivität, so dass in erster Linie ihre Angemessenheit und Nützlichkeit in der vorherrschenden Situation entscheidend sind. Wird demnach die Unterstützung als ungeeignet empfunden, so fördert sie die Zunahme der Belastung (Braasch, 2018, S. 101).

2.1.2 Erklärungsmodelle

Insgesamt gibt es im Bereich der Forschung zu dem Konstrukt der sozialen Unterstützung verschiedene Modelle als Erklärungsstützen. Im Folgenden soll deshalb auf drei Modelle näher eingegangen werden. Das gemeinsame Ziel (und gleichermaßen die Wirkung) stellt die Rückführung zu einem Zustand des Wohlbefindens sowie die Aufrechterhaltung oder Aufbesserung der Gesundheit dar.

1. Moderatormodell (Puffereffekt):

In diesem Modell wird die soziale Unterstützung als „Puffer" angesehen, welcher bei der Bewältigung der belastenden Situation zur Minimierung der Folgen beiträgt. Das unterstützende Verhalten wirkt hierbei als Moderatorvariable von Stresseffekten. Dieses Modell geht davon aus, dass die soziale Unterstützung erst dann zum Tragen kommt, wenn bereits eine Belastungssituation vorherrscht. Hinzuzufügen ist demnach, dass vorab keine Hilfe beansprucht werden musste aber auch gleichermaßen nicht die Möglichkeit zum Empfang geeigneter Hilfe bestanden haben kann. In den häufigsten Fällen reicht es dem Betroffenen zu Beginn aus, ein Sicherheitsgefühl durch das Umfeld bei einem Hilfebedürfnis zu haben (Niemann, 2019, S. 67-68). Die Intensität der Belastung bzw. der Stresssituation korreliert mit der Effektstärke der Befindlichkeitsveränderung. Das bedeutet, dass erst ab einer gewissen Belastungsstärke die soziale Unterstützung zu einer Verbesserung des Zustandes führen kann (Hogrefe & Klauer, 2016).

2. Haupteffektmodell (Direkteffekt):

Im Gegensatz zum ersten Modell wird die soziale Unterstützung schon vor dem Auftreten einer Belastungssituation als positiver Wirkfaktor angesehen (Borrmann, Fedke & Thiessen, 2019, S. 143). Die Ansicht der Vertreter des Hauptfaktorenmodells besagt, dass unmittelbar eine Verbesserung des Zustandes stattfinden kann, wenn das Individuum über eine gute Einbindung in ein soziales Gefüge verfügt. Der hierdurch entstehende Rückhalt trage dabei nachhaltig zur Gesunderhaltung bei. Zwischenmenschliche Interaktionen und Beziehungsaufbauten entstehen aus den menschlichen Grundbedürfnissen nach Zugehörigkeit und Nähe. Die hieraus resultierende Sicherheit hat in empirischen Studien nachweislich einen positiven Einfluss auf die psychosoziale Gesundheit ausgeübt.

Des Weiteren konnten Effekte auf die Systeme des Heiz-Kreislaufs, der Hormone und des Immunsystems verzeichnet werden. Die Ergebnisse der Metastudien gelten bis heute als umstritten, obgleich diese Phänomene als erklärbar eingestuft wurden (Niemann, 2019, S. 68-69).

3. Mediatormodell:

Der Begriff des Mediators wird im Folgenden zur fachlichen Beschreibung des „Vermittlers" verwendet. Nach diesem Modell erlebt das Individuum Beeinflussung durch u.a. Einstellungen und Verhaltensweisen von Personen aus dem Umfeld. Die möglichen Wirkungseffekte können sowohl zu positiven wie auch negativen Veränderungen im Verhalten der beeinflussten Person führen. Das bedeutet, dass der Einfluss einer außenstehenden Person das Gesundheitsverhalten fördern und zu einer Stabilisation der positiven Verhaltensweise führen, jedoch gleichermaßen auch vorhandene Risikofaktoren bestärken oder ausbauen kann. Das soziale Netzwerk bildet demnach das Modell für eine Gruppe, welches einen spezifischen Lebensstil aufweisen kann. Die Einflussnahme der sozialen Unterstützung wird in diesem Modell als sehr hoch empfunden, unabhängig von ihrem (nicht-)förderlichen Prozess auf ein Individuum. Untersuchungen ergaben, dass bei Verlassen eines sozialen Netzwerkes häufig ein regressives Verhalten in den ursprünglichen Zustand (vor Eintritt in das Gefüge) stattfindet (Niemann, 2019, S. 69-70).

2.2 Dysfunktionale Kognition

Unter dem Begriff der Kognition werden primär die Bereiche der Erkenntnis oder Erfahrung zusammengefasst. Aus psychologischer Sicht lassen sich hierbei u.a. die Abläufe der menschlichen Informationsverarbeitung wie die Wahrnehmung, die Erinnerung und die Vorstellung, sowie das Denkens beschreiben. Des Weiteren ergänzen sich (zum Teil subjektive) Einstellungen, Glaubenssätze oder Bewertungen und Annahmen hinzu. Die Aspekte des Denkens können als Muster angesehen werden, welche sowohl bewusst als auch unbewusst stattfinden können. Ein bedeutsamer Vorteil von stabilen Kognitionen ist die Befriedigung des Bedürfnisses nach Orientierung, Sicherheit und Kontrolle. Des Weiteren können sie als Funktionen der Problemlösefähigkeit verstanden werden. Es findet eine Unterscheidung in nützliche, weniger nützliche und dysfunktionale Kognitionen statt (Mahr, 2018, S. 292-293). Aus diesem Grund dient die Kognition der Orientierung und Konstruktionsmöglichkeit für eine eigene Realität. Liegt hierbei eine Störung der Verrichtung bzw. der mentalen Repräsentation der Zustände (Ausgang und Ende) vor, so wird von einer dysfunktionalen Kognition gesprochen (Sauerland, 2018, S. 7-8). Der Begriff der dysfunktionalen Kognition wird häufig mit der Bezeichnung des „Denkfehlers" oder der „Denkblockade" umschrieben. Eine verzerrte Denkweise gilt als ein wesentliches Symptom bei den meisten psychischen Störung und Krankheitsbildern. Beispiele für betroffene Störungsbilder sind u.a. Angststörungen (in ihren unterschiedlichen Erscheinungsformen), affektive Störungen (z.B. Depressionen) und psychotische Störungen zu welchen u.a. schizophrene Erkrankungen zählen (Beyer & Gerlach, 2018, S.188). Im Folgenden soll anhand eines fiktiven Beispiels die dysfunktionale Kognition eines an einer Depression leidenden Patienten geschildert werden.

Parallelen und Anzeichen einer tatsächlichen Geschichte können nicht vollständig ausgeschlossen werden. Personen und Handlungen sind frei erfunden und dienen lediglich der Erläuterung der störungsbedingten dysfunktionalen Kognition.

Kurzbeschreibung (Fallbeispiel aus empirisch erhobenen Ergebnissen abgeleitet):

- Patient:in (m/w/d), 44 Jahre, alleinstehend, kinderlos
- Psychische Erkrankung/Störung: Depression
- Symptom(e)/Folge(n): verzerrte (negative) Sicht über sich selbst, die Umstände und die Zukunft
- Aufgrund gescheiterter Beziehung(en) wird persönlich ausgeschlossen irgendwann einen Partner für das Leben zu finden [Übergeneralisierung]
- Erfolge während der Beziehungssuche oder in der neuen Partnerschaft werden von negativen Situationen (z.B. Kritik oder Zurückweisung) überdeckt und deshalb als unbedeutend angesehen [fehlerhafte Mini- und Maximierung]
- Eingeschränkte Sichtweise auf Ereignisse durch Festhaltung an negativen Aspekten [selektive Verallgemeinerung]
- Abweisungen durch potenzielle Partner werden lediglich mit der eigenen Persönlichkeit und möglichen Fehlern ihrerseits begründet [Personalisierung]
- Neigung zu Übertreibungen: „Wenn ich nicht bald einen Partner finde, werde ich allein sterben." [dichotomes Denken] (Beyer & Gerlach, 2018, S. 188-189)

Die genannten Faktoren lassen sich alle auf sogenannte Denkfehler zurückführen, da es sich um Fehlinterpretationen über die objektive Wirklichkeit handelt. Ein bekanntes Modell der dysfunktionalen Kognition bei Depressionen wurde von Aaron T. Beck (1921-2021) entwickelt, welches seinen praxisbezogenen Einsatz in der kognitiven Verhaltenstherapie findet.

13

Zusammenfassung

Neben der bereits geschilderten Bedeutung von Risiko- und Schutzfaktoren ergänzen sich die Beschreibungen zur sozialen Unterstützung und dysfunktionalen Kognitionen bei psychischen Erkrankungen. Hierbei wurde verdeutlicht, welchen besonderen Stellenwert die Integration von einzelnen Menschen in ein soziales Gefüge einnehmen kann. Durch die separierte Erweiterung der allgemeinen Begriffsdefinition in ihre diversen Modellansichten wurden zudem die unterschiedlichen Formen der sozialen Unterstützung erkennbar. Die Individualität der Menschen und ihren persönlichen Ansichten sowie Bedürfnissen bedarf einer anpassungsfähigen Hilfeleistung in Belastungssituationen. In Extremfällen kann eine fehlgeleitete Unterstützung zu einer Expansion psychischen Drucks führen. Die Ausgangslage vieler psychischer Störungen ist eine dysfunktionale Kognition, basierend auf einer stark verzerrten Wahrnehmung der objektiven Wirklichkeit. Sogenannte Denkfehler werden häufig von weiteren Symptomen der Erkrankung begleitet oder spiegeln diese wider. Eine negative Sichtweise über die eigene Person, das Umfeld und die vorherrschende Lebenssituation gelten als primäre Herausforderungen im therapeutischen Prozess. Insbesondere Störungen, welche die Fähigkeit zur persönlichen Reflektion und Einsicht einschränken und demnach ein hohes Maß an dysfunktionalen Kognitionen aufweisen, erfordern intensive Begleitung durch examiniertes Fachpersonal.

3. Methodisches Handeln

Das Kapitel drei geht auf den Bereich der psychologischen Diagnostik ein. Zu Beginn wird in Unterkapitel 3.1 der allgemeine Prozess der Diagnostik im Bereich der Psychologie erläutert. Anschließend erfolgt in Unterkapitel 3.2 eine Beschreibung der psychotherapeutischen Intervention. Zum Abschluss werden im Unterkapitel 3.3 am Beispiel der Verhaltenstherapie bei Angststörungen die theoretischen Bestandteile der vorherigen Kapitel miteinander verknüpft. Am Ende folgt eine kurze Zusammenfassung des Kapitels.

3.1 Psychologische Diagnostik

Zu Beginn dieser Ausarbeitung wurde der Begriff der psychischen Störung näher beschrieben. Um einen Patienten und dessen Symptome fachgerecht einzuordnen, bedarf es der psychologischen Diagnostik durch examiniertes Fachpersonal wie u.a. einem Psychotherapeuten oder Psychiater. Die psychologische Diagnostik ist anwendungsorientiert ausgerichtet und umschließt drei wesentliche Elemente. Zunächst gibt es Definitionen zu Methoden, Aufgaben und Zielen. Anschließend werden die diagnostischen Strategien in ihren Vorgehensweisen eingeordnet und der Prozess anhand von Modellen erläutert. Die Diagnostik hat das Ziel, eine spezifisch gefasste Hypothese zu beantworten. Hierbei gilt es, die interindividuellen Verhaltens- und Erlebensweisen von Individuen mit ihren intraindividuellen Merkmalen und Veränderungen empirisch zu erfassen und hierdurch ein Verständnis für die Entwicklungsverläufe und Phänomene zu erlangen. Zur Formulierung der Fragestellungen gilt es immer das Forschungsgebiet aber auch den psychologischen Fachbereich zu berücksichtigen (Breitenbach, 2020, S. 5). Die Durchführung einer Diagnostik ist an einen Behandlungsplan gekoppelt, welcher die Erfassung und Analyse der Symptome eines Menschen anstrebt. Während und auch nach der Diagnostik durch eine Testmethode werden die ermittelten Symptome in die internationale Klassifikationssysteme des ICD-10 und/oder DSM-5 eingeordnet, um eine vorläufige Diagnose zu ermitteln. Der Prozess der Diagnostik dient dabei sowohl der Dokumentation und Behandlung als auch der Überprüfung von bisherigen Therapiefortschritten. In der Forschung konnte sich die multimodale Diagnostik in ihrer Wirksamkeit als vorrangige Methode etablieren. Sie umfasst alle Lebensbereiche, unterschiedliche Verfahrensmethoden und Datenquellen bei der Erhebung und minimiert so potenzielle Fehlerquellen (Casper, Pjanic & Westermann, 2018, S. 15). Diese Probleme im Forschungsprozess können auf unrealistischen, fehlerhaft formulierten oder unpassenden Fragestellungen beruhen (Von der Assen, 2019, S. 32).

Der Vorgang der Diagnostik lässt sich in sieben in sich übergehende Teilaspekte unterteilen. Begonnen wird mit dem Vorkontakt und der Kontaktaufnahme durch einen Betroffenen. Anschließend werden allgemeine Informationen zur Planung ausgetauscht. Im dritten Schritt wird mit der eigentlichen Diagnostik begonnen. Die sogenannte klassifikatorische Diagnostik stellt die Sammlung und Bestandsaufnahme der vorherrschenden Symptomatik dar. Hierbei wird ebenso auf den Verlauf und die Dauer eingegangen. Danach folgt die Eigenschaftsdiagnostik zur Feststellung der neurologischen Gesundheit und den Leistungs- und Persönlichkeitsmerkmalen. Des Weiteren werden häufig auch bio-physiologische Aspekte beurteilt, um ein Gesamtbild zu erreichen. Als obligat gilt es, die allgemeinen Lebensumstände in all ihren Facetten zu analysieren. Erst durch die biographische Anamnese können sozidemographische Faktoren (häufig auch in Verbindung mit den Risiko- und Schutzfaktoren) erkannt werden. Im Anschluss wird im vierten Schritt die Mikroebene untersucht, um alle Bereiche zur Behandlungsplanerstellung miteinbeziehen zu können. Der fünfte Schritt sieht es vor, eine Prognose und Erfolgsbeurteilung über den Therapieverlauf zu erstellen. Im sechsten Schritt wird die vorab besprochene Behandlung begonnen. Abschließend findet im siebten Schritt die Reflektion des Therapiezieles statt (Wittchen & Hoyer, 2011, S. 386). Das bedeutet, dass im Anschluss an die Diagnostik und Konzipierung die therapeutische Intervention folgt bzw. folgen kann (Lohaus & Vierhaus, 2019, S. 312).

3.2 Psychotherapeutische Intervention

Unter dem Begriff der Intervention werden Maßnahmen zusammengefasst, welche sowohl der Prävention als auch der Rehabilitation dienen (u.a. die Psychotherapie) sollen. Hierbei wird ihre Wirkung und Effektivität auf ein vorab bestimmtes Zielmerkmal analysiert (Hogrefe & Wirtz, 2019). Die Altersgruppe der Jugendlichen unterliegt besonderen Herausforderungen im diagnostischen Prozess, da vorhandene Symptome in der Regel zunächst mit dem Alter des Klienten verglichen werden. Häufig bleiben deshalb frühe Anzeichen während der Adoleszenz unerkannt, da sie sich nicht (mehr) in die Kategorien der kindlichen Klassifikationen einordnen lassen. Jugendliche weisen zunehmend häufiger Parallelen zu Symptomen aus der Gruppierung der Erwachsenenstörungen auf, als dies vor einigen Jahren noch der Fall war. Signifikante Unterschiede zum Lebensalltag von Erwachsenden beziehen sich u.a. auf die Einbindung in die Familie und das allgemeine soziale Umfeld. Aus diesem Grund muss der Prozess der psychotherapeutischen Intervention während der Adoleszenzzeit mit besonderer Aufmerksamkeit durchgeführt werden (Lohaus, 2018, S. 274).

Die Behandlungsform der Psychotherapie beinhaltet diverse Unterkategorien und Verfahren, welche individuell für den Therapieprozess am Klienten ausgewählt werden müssen. Insgesamt wird in vier Grundströmungen (verhaltenstherapeutisch, systemisch, tiefenpsychologisch und humanistisch) unterschieden. Zu den autonomen Therapieverfahren zählen u.a. die: Hypnose, Psychoanalyse, Transaktionsanalyse, (kognitive) Verhaltenstherapie und die Schematherapie. Des Weiteren können Methoden aus den Fachbereichen der Gestalt-, Gesprächs- und Emotionstherapie angewandt werden (Mahr, 2018, S. 55). Aufgrund des begrenzten Rahmens wurde auf eine weitere Aufzählung der zusätzlich etablierten Methoden verzichtet. Therapien können sowohl mit ambulanter, stationärer oder gruppentherapeutischer Grundlage aufgebaut werden. Die Auswahl einer der drei Settings hängt zunächst von der Diagnose des Klienten und der fachkompetenten Ausbildung des Therapeuten ab. Aus diesem Grund kann die Suche eines geeigneten Therapeuten von diversen Herausforderungen (Selbsteinschätzung der eigenen Problematik und Wahl des passenden Therapeuten) geprägt sein. Zur Beendigung einer Therapiemaßnahme kommt es in der Regel erst dann, wenn der Behandlungsplan in all seinen Teilaspekten erfolgreich bearbeitet wurde. In Sonderfällen kann ein Patient als „austherapiert" eingestuft werden, was zur Folge hat, dass die Hilfsangebote ausgeschöpft sind und keine Verbesserung des aktuellen Zustandes mehr erreicht werden kann. Zielführend wäre demnach eine Beendigung mit freudigem Ausgang, welcher neue Selbstständigkeit in der Problemlösung für einen Klienten bedeutet (Schnell, 2018, S. 65).

3.3 Verhaltenstherapeutischer Prozess bei einer Angststörung

3.3.1 Allgemeine Beschreibung

Die Verhaltenstherapie verfügt über ein weitgefasstes Spektrum an Interventionsmethoden, welche sowohl pragmatische als auch (problem-) lösungsorientierte Ansätze besitzt. Insgesamt wird in drei Grundvarianten unterschieden: klassische Verhaltenstherapie, kognitive Verhaltenstherapie und Schematherapie. Diese verfügen zudem über spezifische Methoden, sodass eine hohe Heterogenität in diesem therapeutischen Bereich vorzufinden ist (Mahr, 2018, S. 75). Im Falle einer Angststörung wird eine Behandlung durch die kognitive Verhaltenstherapie empfohlen (Prölß, Schnell & Koch, 2019, S. 51). Angststörungen gehören mit einer Lebenszeitprävalenz von etwa 16% [Prozentangabe aus Quelle Stumm & Keil] bis 30% [Prozentangabe aus Quelle Casper, Pjanic & Westermann] zu den häufigsten psychischen Erkrankungen. Zu der Gruppe der Angststörungen zählen Phobien, Panikstörungen, generalisierte Angststörungen und posttraumatische Belastungsstörungen. Eine weitere Form stellen Zwangsstörungen da, welche sich häufig auf der Grundlage von spezifischen Ängsten herausbilden (Stumm & Keil, 2018, S. 216). Alle Formen der Angststörungen beinhalten objektiv nicht begründbare Ängste zu mehr oder weniger spezifischen angstauslösenden Stimuli (sog. Trigger).

Für eine Diagnose muss die Angst primär im Vordergrund stehen und nicht das Begleitsymptom einer anderen Störung darstellen. Des Weiteren sollten umweltbedingte Faktoren wie u.a. ein möglicher Drogenabusus (mit Folge einer drogeninduzierten Angststörung) hinterfragt werden (Casper, Pjanic & Westermann, 2018, S. 65-66).

3.3.2 Fallbeispiel

Im Folgenden soll die therapeutische Intervention durch den Prozess der Verhaltenstherapie bei der generalisierten Angststörung anhand eines fiktiven Fallbeispiels beschrieben werden.

Parallelen und Anzeichen einer tatsächlichen Geschichte können nicht vollständig ausgeschlossen werden. Personen und Handlungen sind frei erfunden und dienen lediglich der Erläuterung.

Kurzbeschreibung (Fallbeispiel aus empirisch erhobenen Ergebnissen abgeleitet):

- Patientin, 23 Jahre, verheiratet, ein Kind (3 Jahre alt), eine Fehlgeburt
- Psychische Erkrankung/Störung: Generalisierte Angststörung
- Allgemeine Symptome: Befürchtungen und Sorgen mit einhergehender Konzentrationsschwäche, motorische Spannung wie z.B. Zittern, vegetative Übererregbarkeit, welche sich u.a. durch Tachykardie [Herzrasen] äußern kann (Casper, Pjanic & Westermann, 2018, S. 70).
- Fallspezifische Folgen: Übermäßige Sorgen um das Kind, da es sich um das erste eigene Kind handelt. Als das Kind geboren wurde steigerten sich Ängste um dessen Gesundheit und Wohlergehen. Auffällige Verhaltensweisen: u.a. wiederholte Anrufe im Kindergarten, gelegentlich nächtliche Kontrolle, ob das Kind gut schläft, ständiges Beobachten des Kindes bei alltäglichen Tätigkeiten wie dem Spielen im Zimmer.
- Die Diagnoseerstellung kann sowohl durch den behandelnden Therapeuten oder bereits in der Vergangenheit durch einen anderen Psychotherapeuten vorgenommen worden sein. (Kontaktaufnahme und Erstgespräch)
- Zu klärende Fragen im strukturierten Interview: Häufigkeit, Intensität und Dauer sowie Auslöser [Zielbestimmung], Bedingungen und Aufrechterhaltung [Bedingungsanalyse], Auswahl der passenden Intervention sowie Überlegungen zur angestrebten Verhaltensänderung [Behandlungsauswahl] (Helle, 2019, S. 156)
- Beispielfragen: 1) „Mit welchen Folgen rechnen Sie, wenn Sie sich keine Sorgen mehr machen?" 2) „Was könnte passieren, wenn Sie sich weiterhin sorgen?" 3) „Würden Sie Ihre Sorgen als „normal" einschätzen?" 4) „Können Sie sich vorstellen, dass Ihre Sorgen von anderen Menschen in Ihrem Umfeld verstanden/nicht verstanden werden?" (Margraf & Schneider, 2019, S. 98)

- Übergeordnetes Ziel: Dysfunktionale Kognitionen sowie Verhaltensauffälligkeiten verändern, um Symptome zu verringern und eine Rückführung zu einem Zustand mit mehr Lebensqualität zu ermöglichen.
- Behandlungsmöglichkeiten (Beispiele): 1) **Sensibilisierung** für Denkfehler und ihre Auswirkungen/Folgen für sich und das Umfeld durch kognitive Umstrukturierung. 2) Technik der **Selbstinstruktion** vermitteln, welcher einen inneren Monolog mit den eigenen Gedanken und Emotionen vorsieht, bevor eine Handlung ausgeführt wird (Mahr, 2018, S. 78-79). 3) **Systemische Desensibilisierung** zum Abbau von Ängsten durch Einstufung der Ängste in einer sich steigernden Rangskala. Angstabbau durch bspw. Entspannungstechniken, welche immer nach Konfrontation mit einer der Ängste eingesetzt werden sollen. 4) Die Methoden der **Konditionierung** ermöglichen Verhaltensänderung durch positive/negative Verstärkung sowie Bestrafung und Belohnung (Fritzsche & Wirsching, 2020, S. 37). 5) **Medikamentöse Behandlung** (immer in Begleitung mit aktiven Therapiemaßnahmen, darf in keinem Prozess ohne Betreuung durch einen Therapeuten erfolgen)

Die Patientin müsste sich also im Prozess der kognitiven Verhaltenstherapie intensiv mit den Ursachen und Folgen ihrer Ängste auseinandersetzen, um folglich eine Verhaltensänderung erleben zu können. Die mögliche Ursache der Fehlgeburt aber auch das junge Alter können zu Unsicherheiten geführt haben. Eine Expansion ihres Verhaltens hätte bei vorzeitiger Intervention vermieden werden können. Hierzu hätte zunächst das Umfeld den Sorgen der Mutter mehr Aufmerksamkeit und Hilfestellung zukommen lassen müssen. Es ist anzunehmen, dass in diesem Fall eine Verbesserung der Umstände erreicht werden kann, ohne dass die Ängste zu weiterentwickelten Zwangshandlungen (welche eine Steigerung der „gelegentlichen" Angsthandlungen und Kontrollen) führen.

Zusammenfassung

Die Diagnostik einer psychischen Störung erfordert hohe Kompetenzen und umfassende Kenntnisse zu unterschiedlichen Phänomenen. Die Kriterienkataloge ICD-10 und DSM-5 gelten als obligate Nachschlagewerke und Einordnungssysteme für ermittelte Symptome und Verhaltens-/Erlebensabweichungen von Individuen. Festgelegte Abfolgen des Diagnoseprozesses ermöglichen Fehlerquellen zu minimieren und das Vertrauen des Klienten zu erlangen. Durch die Jahre der intensiven Forschungsarbeit erkannten Wissenschaftler, dass eine umfassende Diagnose nur dann gegeben ist, wenn bio-psycho-sozialen Faktoren berücksichtigt werden. Im nächsten Schritt müssen geeignete Interventionen angewandt werden, um das vorab festgelegte Therapieziel zu erreichen. Das Ziel jeder Behandlung stellt stets eine Verbesserung der aktuellen Lebenssituation und des inneren Empfindens dar.

Literaturverzeichnis

Buchquellen

Asendorpf, J. B. (2019). *Persönlichkeitspsychologie für Bachelor* (4. Auflage). Berlin: Springer

Beyer, R. & Gerlach, R. (2018). *Sprache und Denken* (2. Auflage). Wiesbaden: Springer

Borrmann, S., Fedke, C. & Thiessen, B. (2019). *Soziale Kohäsion und gesellschaftliche Wandlungsprozesse – Herausforderungen für die Profession Soziale Arbeit* (1. Auflage). Wiesbaden: Springer

Braasch, M. (2018). *Stressbewältigung uns Social Support in Facebook – Der Einfluss sozialer Online-Netzwerke auf die Wahrnehmung und Bewältigung von Stress* (1. Auflage). Wiesbaden: Springer

Breitenbach, E. (2020). *Diagnostik – Eine Einführung* (1. Auflage). Wiesbaden: Springer

Casper, F., Pjanic, I. & Westermann, S. (2018). *Klinische Psychologie* (1. Auflage). Wiesbaden: Springer

Fritzsche, K. & Wirsching, M. (2020). *Basiswissen Psychosomatische Medizin und Psychotherapie* (2. Auflage). Berlin: Springer

Helle, M. (2019). *Psychotherapie* (1. Auflage). Berlin: Springer

Kaiser, S. (2020). *Resilienzförderung bei Kindern unter drei Jahren – ein Weiterbildungsprogramm für pädagogische Fachkräfte* (1. Auflage). Wiesbaden: Springer

Köhler, T. (2019). *Biologische Ursachen psychischer Störungen* (3. Auflage). Göttingen: Hogrefe

Lohaus, A. (2018). *Entwicklungspsychologie des Jugendalters* (1. Auflage). Berlin: Springer

Lohaus, A. & Vierhaus, M. (2019). *Entwicklungspsychologie des Kindes- und Jugendalters für Bachelor* (4. Auflage). Berlin: Springer

Lohse, K. (2021). *Resilienz im Wandel – Die Veränderungsbereitschaft von Mitarbeitern* (1. Auflage). Wiesbaden: Springer

Lüdke, C. & Lüdke, K. (2020). *Profile des Bösen – und wie man sie erkennt-eine Anleitung* (1. Auflage). Wiesbaden: Springer

Mahr, C. (2018). *Praxishandbuch Integrative Psychotherapie – Ein methodenorientiertes und wegweisendes Grundlagenwerk* (1. Auflage). Wiesbaden: Springer

Margraf, J. & Schneider, S. (2018). *Lehrbuch der Verhaltenstherapie – Band 1: Grundlagen, Diagnostik, Verfahren und Rahmenbedingungen psychologischer Therapie* (4. Auflage). Berlin: Springer

Margraf, J. & Schneider, S. (2019). *Lehrbuch der Verhaltenstherapie – Band 2: Psychologische Therapie bei Indikation im Erwachsenenalter* (4. Auflage). Berlin: Springer

Niemann, D. (2019). *Die Rolle des Partners und der Partnerin bei der Bewältigung arbeitsbedingter Belastung – der interaktive Prozess der sozialen Unterstützung in Paarbeziehungen* (1. Auflage). Wiesbaden: Springer

Prölß, A., Schnell, T. & Koch, L. J. (2019). *Psychische Störungsbilder* (1. Auflage). Berlin: Springer

Rank, S. M. (2020). *Psychische Auffälligkeiten im Säuglings- und Kleinkindalter* (1. Auflage). Wiesbaden: Springer

Rolfe, M. (2019). *Positive Psychologie und organisationale Resilienz – stürmische Zeiten besser meistern* (1. Auflage). Berlin: Springer

Rummel, C. & Gaßmann, R. (2019). *Sucht: bio-psycho-sozial – die ganzheitliche Sicht auf Suchtfragen – Perspektiven aus Sozialer Arbeit, Psychologie und Medizin* (1. Auflage). Stuttgart: Kohlhammer

Sauerland, M. (2018). *Design Your Mind! Denkfallen entlarven und überwinden – Mit zielführendem Denken die eigenen Potenziale voll ausschöpfen* (2. Auflage). Wiesbaden: Springer

Schnell, T. (2018). *Das Ende in der Psychotherapie erfolgreich gestalten* (1. Auflage). Berlin: Springer

Schöney, W. (2018). *Sozialpsychiatrie – theoretische Grundlagen und praktische Einblicke* (1. Auflage). Berlin: Springer

Stumm, G. & Keil, W. W. (2018). *Praxis der Personenzentrierten Psychotherapie* (2. Auflage). Berlin: Springer

Von der Assen, C. (2019). *Crash-Kurs Psychologie – Semester 2* (1. Auflage). Berlin: Springer

Wittchen, H.-U. & Hoyer, J. (2011). *Klinische Psychologie & Psychotherapie* (2. Auflage). Berlin/Heidelberg: Springer

Internetquellen

Hogrefe & Klauer, T. (2016). *Stress-Puffer-Modell*. Zugriff am 22.02.2021, verfügbar unter https://dorsch.hogrefe.com/stichwort/stress-puffer-modell

Hogrefe & Wirtz, M. A. (2019). *Intervention*. Zugriff am 02.03.2021, verfügbar unter https://dorsch.hogrefe.com/stichwort/intervention

Psychiatrienetz (2017). *Biopsychosoziale Psychiatrie*. Zugriff am 21.02.2021, verfügbar unter https://www.psychiatrie.de/psychiatriegeschichte/biopsychosoziale-psychiatrie.html

Spektrum, (k.A.) *Risiko- und Schutzfaktorenmodell*. Zugriff am 21.02.2021, verfügbar unter https://www.spektrum.de/lexikon/psychologie/risiko-und-schutzfaktorenmodell/13064

Welt & Lanzke, A. (2020). *Die psychischen Folgen treffen alle, auch die Gesunden*. Zugriff am 08.02.2021, verfügbar unter https://www.welt.de/gesundheit/article219114696/Coronavirus-Die-psychischen-Folgen-treffen-alle-auch-die-Gesunden.html